Il Manuale per Il Successo Nell'Economia Della Conoscenza

Cos'è L'Economia Della Conoscenza?

L'economia della conoscenza è un sistema economico che si caratterizza per la produzione, distribuzione e utilizzo di beni e servizi basati sulla conoscenza. L'economia della conoscenza si basa sull'idea che la conoscenza e l'informazione siano i principali motori della crescita e dello sviluppo economico.

Nell'economia della conoscenza, la conoscenza e l'informazione vengono utilizzate per creare nuovi prodotti, servizi e tecnologie. La creazione e la diffusione della conoscenza sono facilitate dai progressi della tecnologia, come Internet e le comunicazioni digitali, che hanno reso più facile l'accesso e la condivisione delle informazioni.

L'economia della conoscenza è importante per diverse ragioni:

Aumento della competitività: L'economia della conoscenza favorisce un aumento della competitività permettendo alle aziende di accedere e utilizzare rapidamente nuove conoscenze e informazioni. Ciò permette loro di stare al passo con i tempi e di rimanere competitive nel mercato globale.

Creazione di posti di lavoro: L'economia della conoscenza crea nuove opportunità di lavoro in campi come la tecnologia, la ricerca e sviluppo e la gestione della conoscenza.

Crescita economica: L'economia della conoscenza stimola la crescita economica incoraggiando la creazione e la diffusione di nuove idee, prodotti e servizi.

Miglioramento della qualità della vita: L'economia della conoscenza fornisce accesso a nuove tecnologie e prodotti che possono migliorare la qualità della vita delle persone. Inoltre, offre opportunità di apprendimento continuo e crescita personale.

Innovazione: L'economia della conoscenza è un catalizzatore per l'innovazione. Favorisce un ambiente in cui nuove idee possono essere rapidamente sviluppate e testate, guidando il progresso tecnologico e lo sviluppo economico.

L'economia della conoscenza è importante perché favorisce la crescita economica, la creazione di posti di lavoro, l'aumento della competitività, il miglioramento della qualità della vita e l'innovazione. È un motore chiave del progresso economico e attualmente sta plasmando il futuro del lavoro e delle imprese.

Sviluppare L'Amore per L'Apprendimento

L'Importanza Dell'Apprendimento Permanente

L'apprendimento permanente è il processo di acquisizione continua di nuove conoscenze, abilità ed esperienze per tutta la vita. Nell'economia della conoscenza, l'apprendimento permanente è di estrema importanza poiché la costante evoluzione della tecnologia e il rapido ritmo del cambiamento richiedono alle persone di sviluppare continuamente nuove competenze e conoscenze.

Ecco alcune delle principali ragioni per cui l'apprendimento permanente è importante nell'economia della conoscenza:

Crescita professionale: Nell'economia della conoscenza, in continua evoluzione, le nuove competenze sono molto richieste. Continuando a imparare, le persone possono rimanere al passo con i tempi e mantenere la competitività nei rispettivi settori, aprendo nuove opportunità per la crescita professionale.

Sicurezza sul lavoro: Nell'economia della conoscenza, la sicurezza sul lavoro è legata alla capacità dell'individuo di imparare e adattarsi continuamente alle nuove tecnologie e ai requisiti di lavoro in continua evoluzione. Continuando a sviluppare nuove competenze, le persone possono rimanere impiegabili e mantenere la sicurezza sul lavoro.

Flessibilità professionale: L'apprendimento permanente fornisce alle persone la capacità di transizione in nuovi ruoli e carriere man mano che l'economia e il mercato del lavoro cambiano. Continuando ad acquisire nuove competenze e conoscenze, le persone possono rimanere adattabili e flessibili nella loro carriera.

Crescita personale: L'apprendimento permanente fornisce alle persone l'opportunità di svilupparsi e crescere continuamente come individui, sia professionalmente che personalmente. Questo porta ad un senso di realizzazione e soddisfazione.

Rimanere rilevanti: L'economia della conoscenza è caratterizzata da un rapido cambiamento, e nuove tecnologie e pratiche emergono costantemente. Continuando a imparare, le persone possono rimanere aggiornate e rilevanti nei rispettivi settori.

In conclusione, l'apprendimento permanente è essenziale nell'economia della conoscenza. Fornisce alle persone la capacità di avanzare nella loro carriera, mantenere la sicurezza sul lavoro, rimanere adattabili, crescere come individui e rimanere rilevanti in un mercato del lavoro in rapido cambiamento. Abbracciando l'apprendimento permanente, le persone possono prosperare nell'economia della conoscenza.

Strategie per Sviluppare L'Amore per L'Apprendimento

Sviluppare l'amore per l'apprendimento è un aspetto importante per prosperare nell'economia della conoscenza. Ecco alcune strategie per sviluppare l'amore per l'apprendimento:

Stabilire obiettivi di apprendimento: Identificare obiettivi di apprendimento specifici può fornire motivazione e direzione per l'apprendimento. Ciò può includere obiettivi a breve termine, come imparare una nuova abilità, o obiettivi a lungo termine, come ottenere un diploma o una certificazione.

Cercare nuove esperienze: Provare nuove esperienze, come imparare un nuovo hobby o praticare uno sport nuovo,

11

può promuovere l'amore per l'apprendimento esponendo le persone a nuove idee e modi di pensare.

Circondarsi di persone competenti: Trascorrere del tempo con persone competenti che sono appassionate dell'apprendimento può essere contagioso e ispirare l'amore per l'apprendimento in altri.

Approfittare delle risorse online: Internet fornisce una vasta gamma di risorse per l'apprendimento, tra cui corsi online, tutorial e video educativi. Approfittare di queste risorse può aiutare a sviluppare l'amore per l'apprendimento.

Tenere un diario di apprendimento: Tenere un diario per seguire il proprio percorso di apprendimento può aiutare a riflettere e apprezzare il progresso fatto.

Può anche fornire motivazione per continuare a imparare.

Trasformare le sfide in opportunità di apprendimento: Accettare le sfide come opportunità per imparare può aiutare a sviluppare l'amore per l'apprendimento mostrando il valore dell'apprendimento nel superare gli ostacoli.

Collaborare con gli altri: Collaborare con gli altri su progetti di apprendimento, come studiare per un esame o lavorare su un progetto di ricerca, può essere un modo divertente ed efficace per imparare e promuovere l'amore per l'apprendimento.

Celebra i tuoi successi: Riconoscere e celebrare i propri successi di apprendimento può fornire motivazione per continuare a imparare e promuovere l'amore per l'apprendimento.

Lo sviluppo dell'amore per l'apprendimento richiede una combinazione delle strategie sopra elencate e a volte altre strategie uniche non elencate specifiche per te e la tua situazione. Implementando un insieme di strategie di base quotidianamente, chiunque può sviluppare un amore per l'apprendimento permanente e prosperare nell'economia della conoscenza.

Imparare a Pensare Criticamente

L'Importanza Del Pensiero Critico

Il pensiero critico è il processo di analizzare attivamente e oggettivamente informazioni e argomenti per prendere decisioni informate e formare giudizi solidi. Nell'economia della conoscenza, il pensiero critico è di estrema importanza poiché le persone sono costantemente bombardate di informazioni e devono essere in grado di determinare cosa sia rilevante, accurato e utile.

Ecco alcune delle principali ragioni per cui il pensiero critico è importante nell'economia della conoscenza:

Prendere decisioni informate: Nell'economia della conoscenza, le persone devono prendere decisioni basate su informazioni provenienti da una varietà di fonti. Il pensiero critico consente alle persone di valutare la qualità e l'affidabilità di queste informazioni e di prendere decisioni informate.

Risolvere problemi complessi: L'economia della conoscenza presenta problemi complessi che richiedono soluzioni innovative ed efficaci. Le competenze di pensiero critico consentono alle persone di analizzare e risolvere questi problemi suddividendoli in parti più piccole e gestibili.

Adattarsi al cambiamento: L'economia della conoscenza è caratterizzata da un rapido cambiamento, e le persone devono essere in grado di adattarsi rapidamente alle nuove tecnologie e ai nuovi modi di lavorare. Le competenze di pensiero critico consentono alle persone di valutare e rispondere al cambiamento in modo informato ed efficace.

Migliorare la comunicazione: Nell'economia della conoscenza, la comunicazione efficace è cruciale. Le competenze di pensiero critico consentono alle persone di esporre i propri pensieri e idee in modo chiaro, conciso e ben ragionato, migliorando la loro capacità di comunicare con gli altri.

Promuovere l'innovazione: L'economia della conoscenza valorizza l'innovazione e le nuove idee. Le competenze di pensiero critico consentono alle persone di analizzare e valutare nuovi concetti, identificare potenziali difetti e limitazioni e contribuire allo sviluppo di soluzioni innovative.

Evitare false informazioni: Nell'era dell'informazione digitale, è importante essere in grado di identificare ed evitare false informazioni. Le competenze di pensiero critico consentono alle persone di valutare l'accuratezza e l'affidabilità delle fonti di informazione e di evitare false informazioni.

In conclusione, il pensiero critico è essenziale nell'economia della conoscenza. Sviluppando e affinando le competenze di pensiero critico, chiunque può prosperare nell'economia della conoscenza e avere successo nella propria carriera e nella vita personale.

Tecniche per Analizzare E Valutare Le Informazioni

Analizzare e valutare le informazioni è un componente cruciale del pensiero critico. Ecco alcune strategie per analizzare e valutare le informazioni:

Verificare la fonte: La credibilità della fonte è importante nell'analisi delle informazioni. Verificare se la fonte è affidabile, autorevole e imparziale.

Valutare la pertinenza: Determinare se le informazioni sono pertinenti al proprio scopo e se rispondono alle proprie esigenze.

Valutare l'accuratezza: Cercare evidenze a supporto delle informazioni e considerare eventuali contraddizioni o punti di vista alternativi.

Determinare la credibilità dell'autore: Considerare le credenziali, l'esperienza e l'expertise dell'autore nell'area di interesse.

Controllare la data di pubblicazione: Considerare se le informazioni sono aggiornate e pertinenti, o se sono obsolete o sono state sostituite da informazioni più recenti.

Analizzare il tono e il bias: Valutare il tono delle informazioni e considerare se è obiettivo, neutrale o di parte.

Valutare le prove: Cercare prove concrete e affidabili, come dati, statistiche o opinioni di esperti, a supporto delle informazioni.

Considerare molteplici prospettive: Considerare diverse visualizzazioni e interpretazioni delle informazioni.

Usare strumenti di pensiero critico: Applicare strumenti di pensiero critico, come il questionamento, la ragionamento e la logica, per analizzare e valutare le informazioni.

Riflettere sulle informazioni: Prendersi del tempo per riflettere sulle informazioni e considerare le implicazioni e l'impatto.

Seguendo queste strategie, le persone possono analizzare e valutare efficacemente le informazioni, migliorando la loro capacità di prendere decisioni informate e formare giudizi solidi. È importante affrontare le informazioni con una mente critica e scettica e considerare molteplici punti di vista e fonti di informazione prima di formare una conclusione.

Sviluppare Competenze Tecniche

Il Ruolo Della Tecnologia

La tecnologia svolge un ruolo significativo nell'economia della conoscenza, modellando il modo in cui le persone vivono, lavorano e interagiscono con le informazioni. Ecco alcune delle principali modalità in cui la tecnologia sta plasmando l'economia della conoscenza:

Facilitare l'accesso alle informazioni: La tecnologia ha reso più facile per le persone accedere alle informazioni da una varietà di fonti, come internet, biblioteche digitali e database. Questo accesso alle informazioni è fondamentale per il successo nell'economia della conoscenza, dove le persone devono essere in grado di accedere rapidamente e facilmente alle informazioni per prendere decisioni informate.

Migliorare la comunicazione: La tecnologia ha rivoluzionato la comunicazione, consentendo alle persone di connettersi e collaborare con altri da qualsiasi parte del mondo. Questo ha creato nuove opportunità per il lavoro remoto, le collaborazioni globali e i team virtuali.

Automatizzare le attività: La tecnologia ha reso possibile l'automatizzazione di molte attività di routine, liberando tempo per le persone per concentrarsi su attività più creative e di valore. Questo ha migliorato la produttività e l'efficienza, e ha anche creato nuove opportunità in aree come l'analisi dei dati, l'apprendimento automatico e l'intelligenza artificiale.

Supportare *l'apprendimento permanente:* La tecnologia ha reso più facile per le persone accedere alle risorse di apprendimento, come corsi online, tutorial e video educativi. Ciò ha reso l'apprendimento permanente più accessibile e conveniente, e ha contribuito a supportare l'apprendimento continuo e lo sviluppo delle competenze richieste nell'economia della conoscenza.

Guidare l'innovazione: La tecnologia sta guidando l'innovazione in molte aree, dalla biotecnologia all'intelligenza artificiale, e sta creando nuove opportunità per le persone di contribuire ai progressi tecnologici e beneficiare di essi.

In conclusione, la tecnologia è un fattore chiave nell'economia della conoscenza, plasmando il modo in cui le persone accedono alle informazioni, comunicano, lavorano e imparano. Abbracciando la tecnologia e utilizzandola in modo efficace, le persone possono migliorare la propria capacità di successo nell'economia della conoscenza e contribuire alla sua continua crescita e sviluppo.

Competenze Tecniche Consigliate

Lo sviluppo delle competenze tecniche è importante per il successo nell'economia della conoscenza. Ecco alcune competenze tecniche che sono altamente consigliate per gli individui da sviluppare:

Alfabetizzazione digitale: competenza nell'utilizzo di tecnologie e strumenti digitali, come computer, smartphone e applicazioni software.

Analisi dei dati: capacità di raccogliere, elaborare e analizzare dati utilizzando strumenti come fogli di calcolo, database e software statistici.

Sicurezza informatica: comprensione dei concetti e delle migliori pratiche di sicurezza informatica, come la crittografia dei dati, i firewall e la gestione delle password.

Programmazione: competenza in uno o più linguaggi di programmazione, come Python, Java o C++, che sono molto richiesti in molte industrie.

Sviluppo web: capacità di creare e mantenere siti web utilizzando strumenti come HTML, CSS e JavaScript.

Amministrazione di rete: comprensione delle reti informatiche, inclusa la progettazione, la configurazione e la manutenzione di reti locali (LAN) e reti geografiche (WAN).

Cloud computing: comprensione dei concetti del cloud computing e di come utilizzare strumenti e servizi basati sul cloud, come Amazon Web Services (AWS) e Microsoft Azure.

Intelligenza artificiale: comprensione dei concetti di intelligenza artificiale, come l'apprendimento automatico e l'apprendimento profondo, ed esperienza nell'utilizzo di strumenti e tecniche di intelligenza artificiale.

Gestione dei progetti: conoscenza delle metodologie di gestione dei progetti, come Agile e Scrum, ed esperienza nell'utilizzo di strumenti di gestione dei progetti come Trello e Asana.

Design thinking: comprensione dei concetti di design thinking e di come utilizzare i metodi di design thinking per risolvere problemi complessi.

Sviluppando queste competenze tecniche, gli individui possono aumentare il loro valore nel mercato del lavoro e essere meglio preparati per avere successo nell'economia della conoscenza. È importante sviluppare e aggiornare continuamente queste competenze poiché la tecnologia evolve, per rimanere aggiornati e competitivi nel mercato del lavoro in continua evoluzione.

Costruire Una Solida Rete Di Contatti

Connessione E Collaborazione

Le connessioni e le collaborazioni sono cruciali per il successo nell'economia della conoscenza. Ecco alcune delle ragioni:

Accesso alle informazioni e alle risorse: Collegandosi con gli altri, gli individui possono accedere a una rete più ampia di informazioni e risorse, inclusa l'esperienza, le prospettive e le intuizioni a cui non avrebbero accesso da soli. Ciò può aiutare gli individui a prendere decisioni più informate e trovare nuove opportunità.

Miglioramento della risoluzione dei problemi: Collaborare con gli altri può aiutare gli individui a risolvere problemi complessi in modo più efficace. Unendo prospettive ed esperienze diverse, gli individui possono trovare soluzioni nuove e innovative che potrebbero non essere in grado di trovare da soli.

Avanzamento della carriera: Costruire una forte rete di connessioni può aiutare gli individui a fare avanzare la propria carriera. Le connessioni possono fornire introduzioni a nuove opportunità di lavoro, offrire orientamento e supporto e offrire mentorship e consigli.

Comprendere le diverse culture: Collaborare con persone di diverse culture può ampliare la prospettiva degli individui e aiutarli a comprendere il mondo da punti di vista diversi. Ciò può essere prezioso per gli individui in un'economia della conoscenza globalizzata in cui la comprensione interculturale sta diventando sempre più importante.

Aumento della creatività e dell'innovazione: Collaborare con gli altri può portare ad un aumento della creatività e dell'innovazione. Quando gli individui si uniscono per lavorare su un progetto o risolvere un problema, possono attingere alle esperienze e alle intuizioni degli altri per generare idee nuove e creative.

In conclusione, le connessioni e le collaborazioni sono importanti nell'economia della conoscenza poiché forniscono alle persone accesso a una rete più ampia di informazioni, risorse ed esperienza. Connettendosi e collaborando con gli altri, le persone possono migliorare la loro capacità di risolvere problemi, avanzare nella loro carriera, ampliare le loro prospettive e stimolare la creatività e l'innovazione. È importante che le persone costruiscano e mantengano attivamente le connessioni e collaborino con gli altri per massimizzare il loro potenziale nell'economia della conoscenza.

Suggerimenti per la Creazione Di Una Solida Rete Di Contatti

Costruire una forte rete di contatti è importante per avere successo nell'economia della conoscenza. Ecco alcuni consigli per costruire una forte rete di contatti:

Partecipa ad eventi e conferenze: Partecipa a eventi e conferenze rilevanti per il tuo campo per incontrare nuove persone e costruire connessioni. Questi eventi sono ottime opportunità per fare networking con persone con interessi simili e connettersi con esperti nel tuo campo.

Partecipa alle comunità online: Partecipa alle comunità online rilevanti per il tuo campo, come gruppi LinkedIn o forum di discussione. Partecipa alle discussioni, condividi la tua esperienza e costruisci connessioni con gli altri membri della comunità.

Fai volontariato: Fai volontariato per opportunità nel tuo campo, come servire in un comitato o aiutare a organizzare un evento. Questo è un ottimo modo per dare un contributo alla tua comunità e costruire connessioni con altri nel tuo campo.

Unisciti ad organizzazioni professionali: Unisciti ad organizzazioni professionali rilevanti per il tuo campo, come associazioni di settore o gruppi commerciali. Queste organizzazioni offrono opportunità di fare networking con altri nel tuo campo e costruire connessioni.

Offri aiuto e supporto: Offri aiuto e supporto agli altri nella tua rete. Essere una risorsa preziosa per gli altri può aiutare a costruire relazioni più forti e creare opportunità di collaborazione.

Resta in contatto: Fai uno sforzo per rimanere in contatto con le persone nella tua rete. Contattale regolarmente per fare un check-in e vedere come stanno. Questo aiuta a mantenere relazioni solide e costruire una rete robusta nel tempo.

Sii aperto a nuove connessioni: Sii aperto a nuove connessioni e cerca attivamente opportunità per fare networking. Partecipa ad eventi di networking, partecipa alle comunità online e partecipa alle discussioni con gli altri nel tuo campo.

Fai seguito: Dopo aver incontrato qualcuno di nuovo, fai seguito con loro per mantenere la connessione. Potrebbe essere semplice come inviare una richiesta di connessione LinkedIn o una breve e-mail per salutare.

In conclusione, costruire una forte rete di contatti richiede tempo e impegno, ma può offrire alle persone opportunità preziose per la crescita, l'avanzamento e la collaborazione nell'economia della conoscenza. Partecipando a eventi, partecipando a comunità online, offrendo aiuto e supporto, mantenendo i contatti, essendo aperti a nuove connessioni e seguendo le persone incontrate, le persone possono costruire una rete solida e di supporto di contatti nel loro campo.

Essere
Adattabili

Rapido Cambiamento

L'economia della conoscenza è caratterizzata da un cambiamento rapido e continuo. Nuove tecnologie, cambiamenti nelle condizioni di mercato e mutamenti nelle preferenze dei consumatori stanno guidando un cambiamento continuo nell'economia della conoscenza. Di conseguenza, le persone e le organizzazioni devono essere adattabili per avere successo in questo ambiente.

Mantenere il passo con le nuove tecnologie: le nuove tecnologie vengono sviluppate e adottate a un ritmo senza precedenti nell'economia della conoscenza. Per avere successo, gli individui devono essere a loro agio con le nuove tecnologie e in grado di adattarsi rapidamente ai cambiamenti nel loro campo. Ciò potrebbe richiedere un apprendimento continuo e lo sviluppo professionale.

Rispondere alle condizioni di mercato mutevoli: le condizioni di mercato nell'economia della conoscenza sono in costante evoluzione, con nuove opportunità e sfide che sorgono regolarmente. Gli individui e le organizzazioni devono essere in grado di rispondere rapidamente ai cambiamenti del mercato, compresi i cambiamenti nelle preferenze dei consumatori e nei modelli di business.

Abbracciare il cambiamento: nell'economia della conoscenza, il cambiamento è la norma e gli individui e le organizzazioni devono abbracciare il cambiamento per avere successo. Ciò potrebbe richiedere un cambio di mentalità, con individui e organizzazioni che abbracciano nuove idee, sperimentano nuovi approcci e sono aperti a nuovi modi di fare le cose.

Sviluppare nuove competenze: la natura rapidamente mutante dell'economia della conoscenza significa che gli individui devono continuamente sviluppare nuove competenze per rimanere rilevanti. Ciò potrebbe comportare l'acquisizione di nuove competenze tecniche, lo sviluppo di nuove competenze commerciali o l'acquisizione di nuove competenze soft come la risoluzione dei problemi, il pensiero critico e la comunicazione.

Essere proattivi: nell'economia della conoscenza, gli individui e le organizzazioni devono essere proattivi nell'anticipare e rispondere al cambiamento. Ciò potrebbe comportare la conduzione di ricerche di mercato, il mantenimento degli aggiornamenti sulle tendenze del settore e l'investimento in ricerca e sviluppo per rimanere al passo con i tempi.

In conclusione, la natura in continua evoluzione della conoscenza economica richiede alle persone e alle organizzazioni di essere adattabili per prosperare. Tenere il passo con le nuove tecnologie, rispondere alle condizioni di mercato in continua evoluzione, abbracciare il cambiamento, sviluppare nuove competenze e essere proattivi sono tutti importanti per il successo nella conoscenza economica. Le persone e le organizzazioni che sono adattabili e in grado di rispondere rapidamente ai cambiamenti sono meglio posizionate per avere successo in questo ambiente dinamico ed in evoluzione.

Strategie per Rimanere Adattabili

Per rimanere adattabili nell'economia della conoscenza, individui e organizzazioni devono adottare una mentalità di apprendimento continuo e agire in modo proattivo rispetto al cambiamento. Ecco alcune strategie per aiutare individui e organizzazioni a rimanere adattabili:

Apprendimento continuo: Investire nella formazione professionale e nell'apprendimento continuo per tenersi al passo con i cambiamenti nel proprio campo. Cercare corsi, seminari e workshop che possono aiutare a sviluppare nuove competenze e conoscenze.

Fare rete: Costruire una solida rete può aiutare a rimanere informati sui cambiamenti e gli sviluppi nel proprio campo. Partecipare a eventi del settore, unirsi a organizzazioni professionali e cercare mentori che possano fornire guida e supporto.

Restare aggiornati: Informarsi sui cambiamenti e gli sviluppi nel proprio campo leggendo pubblicazioni del settore, seguendo leader del pensiero sui social media e iscrivendosi a newsletter e podcast pertinenti.

Abbracciare le nuove tecnologie: Essere proattivi nell'adozione di nuove tecnologie che possono migliorare il lavoro e aiutare a rimanere competitivi.

Collaborare: Collaborare con altri nel proprio campo può aiutare a rimanere informati su nuove idee e approcci e offrire opportunità per imparare dagli altri.

Adattare i processi di lavoro: Essere aperti a cambiare i processi di lavoro e i modi di fare le cose per stare al passo con i tempi.

Prendere rischi: Essere disposti a sperimentare e provare nuove cose. Prendere rischi calcolati può aiutare a stare al passo con i tempi e trovare soluzioni nuove e innovative.

Essere flessibili: Essere aperti a nuove idee, approcci e modi di fare le cose. Essere flessibili e adattabili aiuterà a rispondere ai cambiamenti e a rimanere competitivi nell'economia della conoscenza.

Rimanere adattabili nell'economia della conoscenza richiede che individui e organizzazioni abbraccino il cambiamento, investano in apprendimento continuo e adottino un approccio proattivo al cambiamento. Adottando queste strategie, individui e organizzazioni possono restare avanti rispetto alla curva e rimanere competitivi nell'economia della conoscenza in rapida evoluzione.

Sviluppare Competenze Trasversali

L'Importanza Delle Competenze Trasversali

Le competenze trasversali si riferiscono a qualità personali, comportamenti e atteggiamenti che sono essenziali per il successo sul posto di lavoro. Nell'economia della conoscenza, dove la tecnologia e l'automazione stanno cambiando la natura del lavoro, le competenze trasversali stanno diventando sempre più importanti.

Comunicazione: La comunicazione efficace è cruciale nell'economia della conoscenza, dove individui e team spesso lavorano al di là dei confini geografici, organizzativi e culturali. Buone capacità di comunicazione aiutano gli individui a trasmettere idee in modo chiaro e persuasivo, a costruire relazioni solide con i colleghi e gli stakeholder e a lavorare efficacemente in team.

Risoluzione dei problemi: Nell'economia della conoscenza, gli individui spesso si trovano di fronte a problemi complessi e sfidanti che richiedono soluzioni creative e innovative. Buone capacità di risoluzione dei problemi aiutano gli individui a identificare e analizzare problemi, a generare soluzioni potenziali e a implementare soluzioni efficaci.

Pensiero critico: Nell'economia della conoscenza in rapido cambiamento, gli individui devono essere in grado di analizzare ed valutare rapidamente ed efficacemente le informazioni. Le capacità di pensiero critico aiutano gli individui a valutare le informazioni, a prendere decisioni informate e a risolvere problemi complessi.

Creatività: Nell'economia della conoscenza, gli individui devono essere creativi e innovativi per restare al passo con i tempi e trovare nuovi e migliori modi di fare le cose. La creatività è essenziale per sviluppare nuovi prodotti, servizi e modelli di business e per risolvere problemi complessi in modi nuovi e innovativi.

Intelligenza emotiva: L'intelligenza emotiva si riferisce alla capacità di comprendere e gestire le proprie emozioni e quelle degli altri. Nell'economia della conoscenza, dove gli individui e i team spesso lavorano sotto pressione e affrontano problemi complessi e sfidanti, l'intelligenza emotiva è cruciale per mantenere relazioni positive e lavorare efficacemente in team.

Adattabilità: Nell'economia della conoscenza in rapido cambiamento, gli individui devono essere adattabili e in grado di rispondere rapidamente ai cambiamenti. L'adattabilità aiuta individui e organizzazioni a muoversi rapidamente e rispondere alle condizioni mutevoli e alle nuove sfide.

In conclusione, le competenze trasversali stanno diventando sempre più importanti nella conoscenza economica poiché la tecnologia e l'automazione stanno cambiando la natura del lavoro. La comunicazione, la risoluzione dei problemi, il pensiero critico, la creatività, l'intelligenza emotiva e l'adattabilità sono tutte soft skills cruciali che possono aiutare individui e organizzazioni a prosperare nella conoscenza economica in continua evoluzione.

Competenze Trasversali Raccomandate

Lo sviluppo delle competenze trasversali è importante per il successo nell'economia della conoscenza. Ecco alcune soft skills che sono altamente raccomandate per gli individui da sviluppare:

Comunicazione: Le abilità di comunicazione efficace includono la capacità di ascoltare attivamente, parlare in modo chiaro e persuasivo, scrivere in modo efficace e presentare idee efficacemente.

Risoluzione dei problemi: Le abilità di risoluzione dei problemi efficace includono la capacità di analizzare ed valutare le informazioni, generare e valutare potenziali soluzioni ed implementare soluzioni efficaci.

Pensiero critico: Le abilità di pensiero critico efficace includono la capacità di analizzare ed valutare le informazioni, prendere decisioni informate e risolvere problemi complessi.

Creatività: Le abilità di creatività efficace includono la capacità di pensare in modo innovativo, generare nuove idee e affrontare i problemi in modo nuovo e innovativo.

Intelligenza emotiva: Le abilità di intelligenza emotiva efficace includono la capacità di comprendere e gestire le proprie emozioni e quelle degli altri. Ciò include la capacità di provare empatia, regolare le proprie emozioni e costruire relazioni positive con gli altri.

Adattabilità: Le abilità di adattabilità efficace includono la capacità di rispondere rapidamente al cambiamento, pivotare e imparare nuove competenze e tecnologie come richiesto.

Lavoro di squadra: Le abilità di lavoro di squadra efficace includono la capacità di lavorare efficacemente in team, comunicare in modo efficace, collaborare in modo efficace e supportare gli altri nel team.

Leadership: Le abilità di leadership efficace includono la capacità di ispirare e motivare gli altri, comunicare in modo efficace, delegare in modo efficace e costruire relazioni positive con gli altri.

Gestione del tempo: Le abilità di gestione del tempo efficace includono la capacità di prioritizzare i compiti, stabilire e raggiungere gli obiettivi e gestire il proprio tempo in modo efficace.

Abilità interpersonali: Le abilità interpersonali efficaci includono la capacità di costruire relazioni positive con gli altri, comunicare in modo efficace e risolvere i conflitti in modo efficace.

Queste sono solo alcune delle competenze trasversali consigliate da sviluppare nell'economia della conoscenza. Sviluppando queste e altre competenze trasversali, individui e organizzazioni possono posizionarsi per il successo nella rapidamente cambiante economia della conoscenza.

Essere Proattivi

Il Ruolo Dell'Iniziativa

Nell'economia della conoscenza, l'iniziativa si riferisce al comportamento proattivo e autodiretto di individui o organizzazioni nel perseguire opportunità, risolvere problemi e creare valore. La capacità di prendere l'iniziativa è cruciale in questa economia poiché consente a individui e organizzazioni di essere all'avanguardia del cambiamento, dell'innovazione e del progresso.

L'iniziativa è importante perché aiuta individui e organizzazioni a rimanere al passo con i tempi e a rimanere rilevanti in un'economia in continua evoluzione. Consente loro di identificare nuove opportunità, cercare nuove soluzioni e creare nuovo valore. Inoltre, aiuta individui e organizzazioni a rimanere competitivi migliorando continuamente le loro competenze, conoscenze e abilità.

L'iniziativa aiuta anche individui e organizzazioni a costruire la loro reputazione e credibilità nell'economia della conoscenza. Prendendo il comando e dimostrando la disponibilità ad esplorare nuove idee e approcci, individui e organizzazioni possono stabilirsi come leader e esperti nel loro campo.

Inoltre, prendere l'iniziativa può aumentare la crescita e lo sviluppo personale e professionale. Perseguendo nuove sfide e opportunità, gli individui possono ampliare i loro orizzonti, sviluppare nuove competenze e acquisire nuove esperienze.

È cruciale per individui e organizzazioni nell'economia della conoscenza abbracciare l'iniziativa e cercare continuamente nuove opportunità per la crescita, l'apprendimento e la creazione di valore. Questa mentalità di miglioramento continuo e comportamento proattivo è essenziale per il successo nell'economia della conoscenza in rapida evoluzione.

Suggerimenti per Identificare E Perseguire Nuove Opportunità

Identificare e perseguire nuove opportunità è importante nell'economia della conoscenza. Ecco alcuni consigli per aiutarti a diventare leader in questo settore:

Rimanere informati: Mantieniti aggiornato sugli eventi attuali, le tendenze e gli sviluppi nel tuo settore e nell'industria. Leggi le pubblicazioni del settore, partecipa a conferenze ed eventi e connettiti con colleghi e leader di pensiero.

Networking: Costruisci una forte rete di connessioni e collabora con gli altri nel tuo campo e nell'industria. Partecipa a eventi di networking, unisciti ad organizzazioni professionali e partecipa a comunità online.

Pensa fuori dagli schemi: Sfida le convenzioni e abbraccia nuovi e innovativi approcci per risolvere problemi e creare valore.

Abbraccia il cambiamento: Abbraccia e adattati al cambiamento, e sii aperto alle nuove tecnologie, idee e approcci.

Cerca un apprendimento continuo: Sviluppa continuamente le tue abilità e conoscenze, e cerca nuove opportunità di apprendimento, come partecipare a conferenze e workshop, seguire corsi online o perseguire lauree avanzate.

Collabora: Collabora con gli altri e cerca partnership e joint venture che ti aiutino a raggiungere i tuoi obiettivi.

Sii proattivo: Prendi l'iniziativa e cerca nuove opportunità, e non aspettare che le opportunità arrivino a te.

Abbraccia il fallimento: Abbraccia il fallimento come opportunità di apprendimento e usalo come trampolino di lancio per il successo futuro.

Pensa in modo globale: Pensa oltre il tuo mercato locale e cerca opportunità su scala globale.

Sperimenta: Sperimenta con nuove idee e approcci, e non avere paura di fallire.

Seguendo questi consigli, individui e organizzazioni possono posizionarsi per il successo nell'economia della conoscenza cercando continuamente nuove opportunità per la crescita, l'apprendimento e la creazione di valore. È importante avere una mentalità proattiva e di apprendimento continuo per prosperare nell'economia della conoscenza in rapida evoluzione.

Imparare a Lavorare in Modo Indipendente

Il Passaggio Al Lavoro Remoto E Alla Flessibilità

La tendenza verso il lavoro remoto e la flessibilità nell'economia della conoscenza è stata guidata dai progressi nella tecnologia e dalla crescente riconoscimento dei benefici dei modelli di lavoro flessibili. Con la diffusa disponibilità di internet ad alta velocità e degli strumenti di collaborazione, molti dipendenti sono ora in grado di svolgere il loro lavoro ovunque, in qualsiasi momento. Ciò ha portato ad una crescente tendenza del lavoro remoto, in cui i dipendenti possono lavorare da casa, da uno spazio di coworking o da qualsiasi altra località a loro scelta.

La tendenza verso il lavoro remoto e la flessibilità ha diverse importanti implicazioni per l'economia della conoscenza. In primo luogo, fornisce alle persone maggiore libertà e flessibilità nel modo in cui lavorano e vivono. Ciò può portare ad un miglior equilibrio tra vita privata e lavoro, ridurre lo stress e aumentare la soddisfazione lavorativa.

In secondo luogo, la tendenza verso il lavoro remoto e la flessibilità ha portato ad una forza lavoro più diversificata e inclusiva, in quanto consente alle persone con disabilità, a coloro che vivono in aree rurali e a coloro con responsabilità di assistenza di partecipare alla forza lavoro.

In terzo luogo, il lavoro remoto e la flessibilità possono anche portare ad un miglioramento della produttività e dell'efficienza, poiché i dipendenti sono in grado di lavorare durante le ore in cui sono più produttivi ed eliminare il tempo trascorso in viaggio.

In quarto luogo, il lavoro remoto e la flessibilità possono anche portare a risparmi di costi sia per i dipendenti che per i datori di lavoro, poiché elimina la necessità per i dipendenti di fare il pendolarismo e riduce il costo degli spazi ufficio per i datori di lavoro.

Complessivamente, la tendenza verso il lavoro remoto e la flessibilità nell'economia della conoscenza è un sviluppo positivo, in quanto fornisce alle persone e alle organizzazioni maggiore libertà e flessibilità, promuove la diversità e l'inclusione e porta ad un miglioramento della produttività e dei risparmi di costi. Tuttavia, è importante per le persone e le organizzazioni adattarsi a questa tendenza e sviluppare le competenze e le pratiche necessarie per avere successo in un ambiente di lavoro remoto e flessibile.

Strategie per Un Lavoro Indipendente Efficace

Ecco alcune strategie per supportare te o la tua organizzazione ad adottare abitudini di lavoro indipendente efficaci:

Stabilisci obiettivi e priorità chiari: È importante avere una chiara comprensione di ciò che si vuole raggiungere e delle proprie priorità per gestire efficacemente il proprio tempo e le proprie risorse.

Crea una routine e un programma: Stabilire una routine e un programma può aiutarti a rimanere organizzato e sulle giuste tracce, oltre a permetterti di rimanere concentrato e produttivo.

Sviluppa abilità di gestione del tempo:
La gestione del tempo è essenziale per i lavoratori indipendenti, poiché sono responsabili di assicurarsi che il loro lavoro sia completato entro i tempi prestabiliti.

Sfrutta la tecnologia: La tecnologia può essere uno strumento prezioso per i lavoratori indipendenti, aiutandoli a rimanere organizzati, comunicare con gli altri e accedere alle informazioni in modo rapido ed efficace.

Rimani connesso: Il lavoro indipendente può essere isolante, quindi è importante rimanere in contatto con gli altri attraverso una comunicazione e collaborazione regolari.

Prenditi delle pause: Le pause regolari possono aiutarti a restare fresco, ridurre lo stress e mantenere la concentrazione e la produttività.

Gestisci le distrazioni: Le distrazioni sono una sfida comune per i lavoratori indipendenti, quindi è importante identificare e gestirle efficacemente per rimanere concentrati e produttivi.

Rimani motivato: Mantenere la motivazione è fondamentale per i lavoratori indipendenti, poiché sono responsabili del proprio successo.

Impara e migliora continuamente: L'apprendimento continuo è un componente chiave del successo nell'economia della conoscenza, e i lavoratori indipendenti devono essere proattivi nel cercare nuove competenze e conoscenze.

Mantieni un equilibrio tra lavoro e vita privata: Mantenere un sano equilibrio tra lavoro e vita privata è importante per il benessere dei lavoratori indipendenti e può aiutare a rimanere motivati, concentrati e produttivi.

In conclusione, queste strategie possono aiutare i lavoratori indipendenti a gestire efficacemente il proprio tempo e le proprie risorse, rimanere concentrati e produttivi e avere successo nell'economia della conoscenza. Tuttavia, è importante ricordare che queste strategie potrebbero dover essere adattate e modificate in base al cambiamento delle circostanze e delle priorità individuali nel tempo.

Abbracciare Il Fallimento

Il Ruolo Del Fallimento

Il ruolo del fallimento può essere molto importante per l'apprendimento e la crescita personale e professionale. Nel contesto dell'economia della conoscenza, dove l'innovazione e la creatività sono fondamentali per il successo, il fallimento può essere un trampolino di lancio per l'apprendimento e la crescita.

Il fallimento può fornire importanti lezioni e opportunità di apprendimento, aiutando gli individui e le organizzazioni a identificare ciò che non funziona e a trovare modi migliori per raggiungere i loro obiettivi. Inoltre, il fallimento può aiutare le persone a sviluppare la resilienza e la capacità di adattarsi alle sfide e alle difficoltà.

È importante notare che il fallimento non dovrebbe essere visto come una sconfitta, ma piuttosto come un'opportunità di apprendimento. Gli individui e le organizzazioni che abbracciano il fallimento e lo utilizzano come un'opportunità di apprendimento possono spostare il loro atteggiamento da quello di una mentalità "fissa" a quello di una mentalità "di crescita". In una mentalità di crescita, le persone vedono il fallimento come un'opportunità per imparare e migliorare, piuttosto che come un'indicazione di una mancanza di abilità o capacità.

Infine, è importante notare che abbracciare il fallimento non significa cercarlo attivamente o evitare di fare del proprio meglio. Invece, significa avere il coraggio di sperimentare nuove idee e approcci, sapendo che il fallimento può essere un risultato possibile. Tuttavia, anche se il fallimento dovesse accadere, è importante prenderlo come un'opportunità per imparare e crescere, piuttosto che come un ostacolo insormontabile.

Tecniche per Imparare Dagli Errori

Ecco alcune delle migliori pratiche per imparare dai propri errori, diventando alla fine una risorsa migliore per la propria organizzazione o team:

Riflessione: Dedica del tempo per riflettere su ciò che è andato storto e sul perché, e pensare a ciò che avresti potuto fare diversamente. Chiediti cosa hai imparato dall'esperienza, e cosa farai diversamente in futuro.

Cerca feedback: Ottieni feedback da coloro che sono stati coinvolti nella situazione o che hanno esperienza nell'area in cui stai cercando di migliorare. Ciò può aiutarti a ottenere una prospettiva diversa e a identificare aree di miglioramento.

Assumi la responsabilità: Accetta la responsabilità dei tuoi errori e sii onesto su ciò che hai fatto di sbagliato. Questo può aiutarti a sviluppare un senso di proprietà e responsabilità, e ad evitare di ripetere gli stessi errori in futuro.

Abbraccia il fallimento come opportunità di apprendimento: Invece di vedere gli errori come ostacoli, considerali come opportunità di crescita e apprendimento. Riconosci che gli errori sono una parte naturale del processo di apprendimento e che tutti ne commettono in qualche momento.

Identifica i modelli: Cerca i modelli nei tuoi errori, e identifica le cause o gli scatenanti comuni. Ciò può aiutarti a evitare errori simili in futuro.

Crea un piano d'azione: Sulla base di ciò che hai imparato dai tuoi errori, sviluppa un piano d'azione su come eviterai di commettere gli stessi errori in futuro. Stabilisci obiettivi specifici e stabilisci una linea temporale e delle tappe per aiutarti a rimanere in pista.

Apprendi dagli errori degli altri: Oltre a imparare dai propri errori, sfrutta le esperienze e le lezioni apprese dagli altri. Leggi libri, articoli, o partecipa a workshop sull'argomento, e cerca mentori che hanno superato sfide simili.

Celebra i successi: Celebra i tuoi successi e le tue realizzazioni, per quanto piccoli possano essere. Ciò ti aiuterà a costruire fiducia e resilienza, e a mantenere una mentalità positiva e orientata alla crescita.

Continua ad imparare: Cerca continuamente nuove opportunità di apprendimento e sfide. Ciò ti aiuterà a costruire nuove competenze e conoscenze, e ad evitare di diventare accondiscendente o bloccato nel tuo approccio attuale.

Seguendo queste tecniche, puoi imparare dai tuoi errori e migliorare continuamente nella tua vita personale e professionale. Ricorda che la chiave per imparare dagli errori è abbracciarli come opportunità di crescita e rimanere aperti, curiosi e flessibili.

Rimanere
Informati

L'Importanza Di Rimanere Informati

Rimanere informati sugli sviluppi del settore è cruciale nell'economia della conoscenza per diverse ragioni:

Vantaggio competitivo: Rimanendo informati, è possibile rimanere al passo e essere tra i primi ad adottare nuove tecnologie, processi e migliori pratiche nel proprio campo. Ciò può offrire un vantaggio competitivo e aiutare a rimanere rilevanti e richiesti sul mercato del lavoro.

Progressione di carriera: Rimanendo informati, è possibile aggiornare continuamente le proprie competenze e conoscenze e dimostrare al proprio datore di lavoro di essere un apprendista per tutta la vita e impegnato nella crescita professionale. Ciò può aiutare a progredire nella propria carriera e ottenere nuove opportunità di avanzamento.

Rilevanza: L'economia della conoscenza è in costante evoluzione, e continuamente emergono nuove tecnologie e pratiche. Rimanendo informati, è possibile garantire che le proprie competenze e conoscenze rimangano rilevanti e aggiornate e che si possa continuare a fare contributi preziosi nel proprio campo.

Innovazione: Rimanere informati può ispirare nuove idee e approcci e aiutare a identificare opportunità di innovazione e miglioramento. Rimanendo informati, è possibile restare al passo con le ultime tendenze e sviluppi nel proprio campo e essere meglio attrezzati per identificare nuove opportunità di crescita e successo.

Networking: Rimanere informati sugli sviluppi del settore può anche aiutare a creare nuove connessioni e relazioni nel proprio campo. Partecipare ad eventi, conferenze e workshop del settore e partecipare a comunità online può aiutare a espandere la propria rete e imparare dagli altri nel proprio campo.

Per rimanere informati, puoi:

Leggere pubblicazioni, siti web e blog del settore.

Partecipare ad eventi, conferenze e workshop del settore.

Unirti ad organizzazioni professionali e comunità online.

Seguire i leader di pensiero e gli influencer nel tuo settore sui social media.

Partecipare a programmi di formazione e sviluppo.

Connettersi con mentori e colleghi nel tuo settore.

Rimanere aggiornato sulle ultime tecnologie e strumenti nel tuo campo.

Rimanendo informato, puoi migliorare continuamente le tue competenze, conoscenze e rete professionale, e essere meglio attrezzato per avere successo nell'economia della conoscenza.

Risorse Consigliate per Rimanere Informati

Ecco alcune risorse consigliate per rimanere informati nell'economia della conoscenza:

Pubblicazioni e siti web di settore: questi sono una grande fonte di informazioni sulle ultime tendenze, le migliori pratiche e le tecnologie emergenti nel tuo settore. Alcune pubblicazioni e siti web popolari del settore includono Forbes, Harvard Business Review, Fast Company e TechCrunch.

Organizzazioni professionali e comunità online: unirsi ad organizzazioni professionali e comunità online nel tuo campo può fornirti opportunità di fare networking, imparare dagli altri e rimanere informato sulle evoluzioni del settore. Esempi di organizzazioni professionali includono l'Association for Computing Machinery (ACM), l'Institute of Electrical and Electronics Engineers (IEEE) e il Project Management Institute (PMI).

Social media: le piattaforme di social media come LinkedIn, Twitter e Reddit possono essere un ottimo modo per rimanere informati sulle evoluzioni del settore e connettersi con altri professionisti del tuo campo. Puoi seguire opinion leader e influencer nel tuo campo, partecipare a discussioni online e rimanere aggiornato sulle ultime notizie e tendenze.

Corsi online e MOOC: i corsi online e i corsi online aperti a tutti (MOOC) sono un ottimo modo per imparare nuove competenze e rimanere informati sulle evoluzioni del settore. Alcune piattaforme popolari per l'apprendimento online includono Coursera, Udemy ed edX.

Conferenze e workshop: partecipare a conferenze e workshop può offrirti opportunità per imparare da esperti, fare networking con altri professionisti del tuo campo e rimanere informato sulle evoluzioni del settore.

Libri e podcast: leggere libri e ascoltare podcast su argomenti relativi al tuo settore può aiutarti a rimanere informato e aggiornato sulle ultime tendenze e sviluppi.

Programmi di formazione e sviluppo aziendale: molte aziende offrono programmi di formazione e sviluppo per i propri dipendenti, che possono aiutarti a rimanere informato sulle evoluzioni del settore e migliorare le tue competenze.

Sfruttando queste risorse, puoi rimanere informato e restare al passo con gli sviluppi della knowledge economy.

Concetti Chiave

Se sei in difficoltà e puoi leggere solo questa pagina, ecco alcuni dei punti salienti di questo manuale:

L'apprendimento lungo tutto l'arco della vita è essenziale nell'economia della conoscenza e sviluppare un amore per l'apprendimento è fondamentale per il successo.

Le abilità di pensiero critico e analisi delle informazioni sono importanti per prendere decisioni informate e risolvere problemi in modo efficace.

La tecnologia è un elemento chiave dell'economia della conoscenza e avere una forte base di competenze tecniche è essenziale.

Costruire connessioni e collaborazioni solide è importante per accedere alle informazioni e alle risorse, nonché per la crescita professionale.

L'adattabilità è cruciale nell'economia della conoscenza in rapida evoluzione e rimanere informati sugli sviluppi dell'industria è essenziale per rimanere rilevanti.

Sia le competenze tecniche che le competenze trasversali sono importanti nell'economia della conoscenza e lo sviluppo di una combinazione di entrambe può portare al successo.

L'iniziativa e la capacità di identificare e perseguire nuove opportunità sono essenziali per il successo nell'economia della conoscenza.

Il lavoro a distanza e la flessibilità stanno diventando sempre più diffusi nell'economia della conoscenza e le competenze efficaci di lavoro indipendente sono importanti.

Il fallimento è una parte importante dell'apprendimento e della crescita, e imparare dagli errori è un aspetto chiave del successo nell'economia della conoscenza.

Implementando le strategie discusse in questo manuale, puoi prosperare nell'economia della conoscenza e raggiungere il successo nella tua carriera. Inizia focalizzandoti sull'apprendimento per tutta la vita e sviluppando un amore per l'apprendimento. Fai una consuetudine di tenerti informato sui sviluppi dell'industria e utilizza corsi online, libri e podcast per migliorare continuamente le tue abilità e conoscenze.

Costruire connessioni e collaborazioni solide è anche cruciale per il successo nell'economia della conoscenza. Partecipa a conferenze, workshop e unisciti a organizzazioni professionali per incontrare nuove persone e costruire la tua rete. Le piattaforme di social media come LinkedIn e Twitter possono essere anche un ottimo modo per connettersi con gli altri e rimanere informati.

Lo sviluppo di un forte set di abilità tecniche e una combinazione di abilità hard e soft ti differenzierà nell'economia della conoscenza. Prendi l'iniziativa e sii proattivo nell'identificare e perseguire nuove opportunità che si allineano ai tuoi interessi e obiettivi di carriera.

Infine, preparati al cambiamento ed abbraccia l'idea di fallimento come preziosa esperienza di apprendimento. Utilizza le risorse e le strategie discusse in questo manuale per aiutarti a rimanere adattabile e crescere nell'economia della conoscenza. Con dedizione, perseveranza e amore per l'apprendimento, puoi raggiungere il successo nell'economia della conoscenza.

Informazioni Sull'Autore

Antonio è un padre di due figli che ama profondamente. Lavora nel campo dell'istruzione da quasi venticinque anni, principalmente con studenti di età compresa tra i 5 e i 21 anni. Crede che l'economia della conoscenza stia diventando rapidamente la nuova normalità per la forza lavoro umana e che imparare a prosperare al suo interno determinerà in ultima analisi il successo dell'individuo. Essere informati sull'argomento e sapere come prosperare al suo interno potrebbe essere tutto ciò di cui abbiamo bisogno per creare un futuro in cui la creatività è costantemente in uno stato di crescita, sbloccando il vero potenziale dell'umanità su questo pianeta.

Spera che un giorno ogni scuola distribuirà questa guida ad ogni studente, così che tutti abbiano le basi per comprendere l'economia della conoscenza. L'educazione è veramente lo strumento più potente che abbiamo per trasformare il futuro.

Disconoscimento Legale

I manuali tradotti prodotti utilizzando il software open AI sono forniti solo a scopo informativo. L'autore di questi manuali non fornisce alcuna rappresentazione o garanzia di alcun tipo, espressa o implicita, riguardo all'accuratezza, affidabilità, completezza o idoneità delle traduzioni generate dal software open AI.

L'autore non assume alcuna responsabilità per eventuali errori o omissioni nei manuali tradotti o per qualsiasi interpretazione errata del testo tradotto. L'uso dei manuali tradotti e la dipendenza dal loro contenuto è esclusivamente a rischio dell'utente.

In nessun caso l'autore sarà responsabile per eventuali danni, compresi, a titolo esemplificativo e non esaustivo, danni diretti o indiretti, speciali, incidentali, o conseguenti, perdite o spese derivanti dall'uso dei manuali tradotti o dall'impossibilità di usarli o per eventuali errori o omissioni nel loro contenuto.

Questo manuale è stato una collaborazione tra l'autore e una piattaforma di intelligenza artificiale aperta, con l'unico scopo di cercare di aiutare tutti a prepararsi alle mutevoli condizioni del luogo di lavoro portate dalla rivoluzione delle informazioni digitali.

Prima Edizione: 2023
ISBN: 9798377589013

Commenti Sul Contenuto: Inviare tutti i commenti a **www.handbooksforhumanity.com**